Ernst Probst

Die Unterwölblinger Gruppe in Österreich

Eine Kultur der Bronzezeit vor etwa 2300/2200 bis 1800 v. Chr.

Ernst Probst

Die Unterwölblinger Gruppe in Österreich

Eine Kultur der Bronzezeit vor etwa 2300/2200 bis 1800 v. Chr.

GRIN Verlag

Die Deutsche Bibliothek verzeichnet diese Publikation in der Deutschen Nationalbibliografie; detaillierte bibliografische Daten sind im Internet über http://dnb.d-nb.de/ abrufbar.

1. Auflage 2011
Copyright © 2011 GRIN Verlag GmbH
http://www.grin.com
Druck und Bindung: Books on Demand GmbH, Norderstedt Germany
ISBN 978-3-656-03780-4

Frau aus der Frühbronzezeit in Niederösterreich.
Ausschnitt aus einer Zeichnung
von Friederike Hilscher-Ehlert, Königswinter,
für das Buch »Deutschland in der Bronzezeit« (1996)
von Ernst Probst

Ernst Probst

Die Unterwölblinger Gruppe in Österreich

Eine Kultur der Bronzezeit
vor etwa 2300/2200 bis 1800 v. Chr.

Widmung

Dr. Elisabeth Ruttkay (1926–2009)
und Dr. Johannes-Wolfgang Neugebauer (1949–2002)
gewidmet,
die mich bei meinen Büchern
»Deutschland in der Steinzeit« (1991) und
»Deutschland in der Bronzezeit« (1996)
unterstützt haben,
sowie der wissenschaftlichen Graphikerin
Friederike Hilscher-Ehlert

Inhalt

Der dänische Archäologe
Christian Jürgensen Thomsen (1788–1865)
hat 1836 die Urgeschichte
nach dem jeweils am meisten verwendetem Rohstoff
in drei Perioden eingeteilt:
Steinzeit, Bronzezeit und Eisenzeit.

Vorwort

Eine Kultur der Frühbronzeit, die vor etwa 2300/
2200 bis 1800 v. Chr. südlich der Donau zwischen
Enns und Wienerwald in Niederösterreich existierte,
steht im Mittelpunkt des Taschenbuches »Die Unterwölblinger Gruppe in Österreich«. Geschildert werden die Anatomie und Krankheiten der damaligen
Ackerbauern, Viehzüchter und Bronzegießer, ihre
Siedlungen, Kleidung, ihr Schmuck, ihre Keramik,
Werkzeuge, Waffen, Haustiere, Jagdtiere, ihr Handel und
ihre Religion.
Verfasser ist der Wiesbadener Wissenschaftsautor Ernst
Probst, der sich vor allem durch seine Werke »Deutsch-
land in der Urzeit« (1986), »Deutschland in der Steinzeit«
(1991) und »Deutschland in der Bronzezeit« (1996) einen
Namen gemacht hat. Das Taschenbuch »Die Un-
terwölblinger Gruppe in Österreich« ist Dr. Elisabeth
Ruttkay (1926–2009) und Dr. Johannes-Wolfgang
Neugebauer (1949–2002) gewidmet, die den Autor mit
Rat und Tat bei seinen Werken über die Steinzeit und
Bronzezeit unterstützt haben.

RICHARD PITTIONI,
geboren am 9. April 1906 in Wien,
gestorben am 16. April 1985 in Wien.
Er promovierte 1929 und habilitierte
sich 1932. Von 1929 bis
1937 war er Assistent
am Urgeschichtlichen Institut
der Universität Wien,
1938 bis 1942
Museumsdirektor in Eisenstadt,
1946 außerordentlicher Professor
und seit 1951 Professor
an der Universität Wien.
Pittioni sprach 1937 von der Kultur
von Unterwölbling
(heute Unterwölblinger Gruppe) und 1954
vom Typus Mistelbach-Regelsbrunn.

Banden durchwühlten die Gräber

Die Unterwölblinger Gruppe

Bei der Benennung von Kulturen gingen die Prähistoriker gelegentlich seltsame Wege. Sie verwendeten dabei nicht immer den Namen des am frühesten entdeckten oder bis dahin bedeutendsten Fundorts einer neu erkannten Kultur, sondern mitunter einen ganz anderen. So geschah es auch mit der von etwa 2300/2200 bis 1800 v. Chr. südlich der Donau zwischen Enns und Wienerwald in Niederösterreich heimischen Kultur. Diese hätte man eigentlich nach dem Ort Gemeinlebarn bezeichnen müssen, denn die dort entdeckten Gräberfelder galten seit der Publikation des Wiener Prähistorikers Josef Szombathy (1853–1943) von 1929 als die bedeutendsten frühbronzezeitlichen Friedhöfe in jenem Gebiet. Statt dessen prägte 1937 der am Urgeschichtlichen Institut in Wien tätige Prähistoriker Richard Pittioni (1906–1985) den Begriff »Kultur von Unterwölbling«, der später zum Ausdruck Unterwölblinger Gruppe verkürzt wurde.

Richard Pittioni hatte weder in Gemeinlebarn noch in Unterwölbling selbst gegraben. In Gemeinlebarn sind schon 1885 die frühesten Gräber entdeckt worden, in Unterwölbling erst 1908. Pittioni untersuchte lediglich die von anderen Ausgräbern dort zwischen 1908 und 1930 geborgenen Funde, wobei er sie als typisch für eine neue Kultur identifizierte. Den Fundort Gemeinlebarn berücksichtigte er deswegen nicht bei der Namenswahl, weil dort bereits bedeutende Funde der Urnenfelder- und Hallstatt-Kultur bekannt waren.

Die Menschen der Unterwölblinger Gruppe gehörten mindestens zwei sozialen Schichten an. Bei der reichen Oberschicht waren die Gräber viel tiefer ausgehoben als bei der armen Bevölkerung, die als Grundschicht bezeichnet wird. So hob man im Gräberfeld Franzhausen I für einen vornehmen Mann ein 4,29 Meter tiefes Grab aus. Im Gegensatz dazu wurden im selben Gräberfeld ärmere Erwachsene und Kleinkinder in merklich geringerer Tiefe bestattet. Im extremsten Fall lag ein Toter nur 37 Zentimeter unter der Erdoberfläche.

Arme und reiche Menschen unterschieden sich auch bei der Körperhöhe merklich. Die Männer der Oberschicht aus den Gräberfeldern Franzhausen I und Gemeinlebarn F erreichten eine durchschnittliche Körperhöhe von 1,70 Metern, die Männer der Grundschicht dagegen nur durchschnittlich 1,66 Meter. In unserer Zeit sind die Angehörigen der Oberschicht im Mittel etwa fünf Zentimeter größer als jene der Grundschicht. Die Frauen der Unterwölblinger Gruppe waren meistens etwa zehn Zentimeter kleiner als die Männer.

Bei den Kopf- und Gesichtsformen herrschte kein einheitliches Erscheinungsbild. Die Männer von Franzhausen I hatten meistens einen langen und mittelbreiten Hirnschädel. Es gab dort aber auch runde, sehr kurze sowie extrem lange und ausgesprochen schmale Schädelformen. Das Gesicht der Franzhausener Männer war mittelhoch und mittelbreit, in Gemeinlebarn F dagegen dominierten niedrige Gesichter. Auffällig bei den meisten Menschen aus jener Zeit ist die enorme Höherentwicklung des Hirnschädels.

Unter den im Gräberfeld Franzhausen I bestatteten Menschen waren erstaunlich viele Kinder und Jugendliche. Der Anteil der nicht mehr als 20 Jahre alt gewordenen Personen erreichte dort 40,6 Prozent. Die durchschnittliche Lebenserwartung der Bewohner jener Gehöfte, die im Gräberfeld Franzhausen I beerdigt worden waren, betrug weniger als 25 Jahre. Lediglich fünf Prozent der Bevölkerung wurden älter als 60 Jahre. Die Untersuchung von Skelettresten aus dem Gräberfeld Gemeinlebarn A ergab, dass die meisten der verstorbenen Jugendlichen weiblich waren. Offenbar brachten die geschlechtsreifen Mädchen schon sehr früh Kinder zur Welt, als ihr Körper noch nicht voll ausgewachsen war und es deswegen häufig Komplikationen beim Geburtsvorgang gab, die tödlich endeten. Es sind aber auch viele Frauen im Erwachsenenalter von 20 bis 39 Jahren während der Schwangerschaft oder der Geburt gestorben.

Erst ab dem Klimakterium konnten die wenigen noch lebenden Frauen ähnlich wie die gleichaltrigen Männer auf ein längeres Leben hoffen. Bei den Männern stieg die Sterblichkeitskurve im Erwachsenenalter steil an. Das raue Leben und die harte Arbeit als Ackerbauern, Viehzüchter oder Metallhandwerker zehrten ihre Kraftreserven nach etwa 40 Jahren weitgehend auf.

Häufig haben bereits die Kinder und Jugendlichen bei ihrer Arbeit immer wieder in tiefer Hockstellung auf den Fersen gesessen. Dabei wurde das Fußgelenk extrem gebeugt und das Schienbein gegen das Sprunggelenk gepresst, wobei sich an beiden Knochenkontaktflächen eine überknorpelte Gelenkfacette (»Hockerfacette« genannt) bildete. Eine solche »Hockerfacette« hatte ein älterer Mann von Oberndorf/Ebene im Traisental, der zusammen mit einer jungen Frau das Opfer einer Gewalttat wurde.

Die Wiener Anthropologin Maria Teschler-Nicola hat an den Skelettresten aus dem Gräberfeld Franzhausen I zahlreiche Spuren von Krankheiten erkannt. Beispielsweise litten 47 Prozent der dort bestatteten Kinder an Mangelerkrankungen, die man an unter anderem an siebartig durchlöcherten Augenhöhlendächern (Cribra orbitalia) ablesen kann. Als Ursache der Cribra orbitalia werden angeborene oder erworbene Anämien, Rachitis, manche Infektionskrankheiten oder Entzündungen des Schädeldachs und der Stirnhöhlen diskutiert.

Mangelhafte Ernährung und Krankheiten führten bei etwa 40 Prozent der Kinder von Franzhausen I zu Wachstumsstillständen ihrer Langknochen. Das verraten die so genannten Harris-Linien[1] im Bereich der Schaftabschnitte der langen Röhrenknochen. Sie entstehen durch Proteinmangel und verursachen eine stärkere Verkalkung.

Die Wiener Anthropologen Eike-Meinrad Winkler (1948– 1994) und Karl Großschmidt stellten am

Oberschenkelknochen eines zehn bis zwölf Jahre alten Kindes aus Trasdorf bei Tulln ungewöhnlich stark ausgebildete und in regelmäßigen Abständen auftretende Zonen verringerten Wachstums fest. Sie deuten in diesem Fall die Harris-Linien als Symptome einer durch saisonale Schwankungen des Nahrungsangebots verursachten Hungerosteopathie, die vielleicht durch Proteinmangel im Winter bewirkt wurde. Der für jene Zeit ungewöhnlich kurze und breite Hirnschädel sowie das relativ flache Hinterhaupt des Kindes aus Trasdorf könnten infolge längerer Bettlägerigkeit entstanden sein. Etwa sieben Prozent der in Franzhausen I bestatteten Kinder litten unter entzündlichen Veränderungen in den Kieferhöhlen, sechs Prozent unter Entzündungen am Schädeldach und fünf Prozent unter Knochenmarksentzündungen (Osteomylitis) an den Langknochen. Eine chronische Nasennebenhöhlen-Entzündung und ein Zahnwurzelabszess, der den Boden der Kieferhöhle durchbrach, verursachten Veränderungen in den Nasennebenhöhlen.

Jedes zehnte Kind von Franzhausen I hatte einen Wasserkopf (Hydrocephalus) ausgebildet, in Gemeinlebarn jedes zwanzigste. Ein Wasserkopf kann durch Steigerung des Hirndrucks im Kindesalter aus unterschiedlichen Ursachen entstehen – beispielsweise durch eine entzündliche Erkrankung der Hirnhäute.

13 Prozent der Verstorbenen von Franzhausen I waren zu Lebzeiten an Hirnhautentzündung (Meningoenzephalitis) erkrankt, die am Schädelknochen poröse feine Knochenauflagerungen hinterließ. Außerdem

kennt man von dort Zahnerkrankungen, degenerative Veränderungen der Wirbel und Gelenke, Knochenbrüche, Schlagverletzungen, Schädelbrüche und Schädeloperationen (Trepanationen).

Die Gebisse der Menschen in Franzhausen I und Unterwölbling sind infolge harter Nahrung teilweise stark abgekaut. Manchmal war der Zahnabschliff bereits so weit fortgeschritten, dass der Wurzelkanal eines Zahnes offen lag. Bei den Erwachsenen litt etwa jeder vierte an Karies (Zahnfäule). Zahnschmelzstörungen (Schmelzhypoplasien) in Form querverlaufender Rillen im Kronenbereich wurden durch eine zeitweilige Mangelversorgung mit bestimmten Mineralsalzen ausgelöst.

Ein mindestens 40 Jahre alter Mann in Franzhausen I erlitt einen Bruch im Bereich des rechten Unterkieferwinkels, der mit einer leichten Fehlstellung verheilte. Dem Bruch war vermutlich ein starker Abbau des Kieferknochens bis auf eine Höhe von nur noch einem halben Zentimeter vorausgegangen. Der Abbau könnte durch einen Weichteiltumor, eine Knochenmarks- oder eine Wurzelhautentzündung bewirkt worden sein.

Bei einer mindestens 20jährigen Frau in Franzhausen I sind die Elle und Speiche des linken Armes etwas oberhalb der Schaftmitte gebrochen. Im Verlauf der Heilung kam es zur Fehlstellung und Auftreibung der Knochen im Bruchbereich und zur Achsenverdrehung. Dadurch dürfte die Beweglichkeit im Handgelenk eingeschränkt worden sein. Brüche beider Unterarmknochen entstehen durch Stürze auf die ausgestreckte Hand oder durch Schläge auf den schützend erhobenen Unterarm (so genannter Parierbruch).

Zwei Kinder im Alter von vier und acht Jahren in Franzhausen I haben Schläge auf das Scheitelbein, die auf der Innenseite Blutgerinnsel entstehen ließen, längere Zeit überlebt. Ein mindestens 30 Jahre alter Mann von dort überstand einen Schlag auf das linke Scheitelbein. Dagegen waren drei wuchtige Beilhiebe auf das Hinterhaupt und das linke Scheitelbein eines Mannes von Franzhausen I tödlich. Auch in Unterwölbling starb ein Mann nach einem Hieb auf das linke Scheitelbein. Ein anderer Mann von diesem Fundort hatte eine Hiebverletzung am rechten Oberschenkel.

Der Schädel einer etwa 25 bis 30 Jahre alten Frau und der eines drei- bis fünfjährigen Kindes von Franzhausen I sind von einem Medizinmann operiert worden. Beide Eingriffe wurden in Schabetechnik durchgeführt. Dabei hat man mit einem scharfkantigen Werkzeug allmählich ein kreisrundes oder ovales Loch in das Schädeldach gekratzt. Bei der Frau wurde der Eingriff nach einer Schlagverletzung in der Mitte der Stirnregion vorgenommen. Sie hat die Operation mehrere Jahre überlebt. Das Kind wurde nach einer Verletzung am Schädel operiert, wie Spuren eines Blutergusses (Hämatom) an der Innenseite zeigen. Kurze Zeit nach der Operation kam es zu einer Infektion des Wundrandes und das Kind ist bald darauf gestorben.

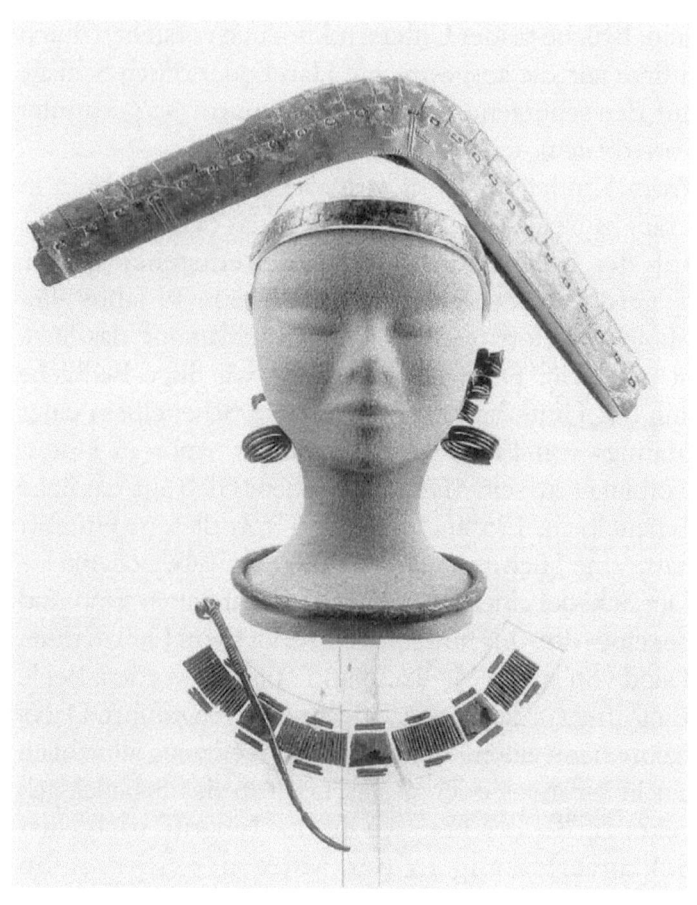

Schmuck einer reichen Frau aus Grab 110
des frühbronzezeitlichen Friedhofes Franzhausen I
in Niederösterreich:
Kopfzierde aus Bronzeblech, Stirnblech, Noppenringe, Ösenhalsreif,
Gewandbleche und Schleifenkopfnadel.
Originale im Urzeitmuseum, Nußdorf an der Traissen

Abdrücke von Haut und Haaren an bronzenen Noppenringen aus zwei Gräbern von Gemeinlebarn A beweisen, dass solche Schmuckstücke Zöpfe zusammenhielten. Die Mädchen ab etwa 14 Jahren und die Frauen bedeckten ihr Haupt häufig mit aus Leder oder Stoff angefertigten Kappen. Diese wurden durch mit Ornamenten verzierte Blechbänder aus Bronze festgehalten, die man in der Stirngegend von Toten barg. Ähnliche Blechbänder schmückten den Halsausschnitt der Kleidung, die aus Schafwolle hergestellt wurde. Ein tönerner Spinnwirtel aus Unterwinden belegt das Spinnen von Schafwolle.

Anhand mancher Funde aus dem Gräberfeld Gemeinlebarn A ließ sich die Kleidung gut rekonstruieren. So stammte ein zwei Zentimeter breites, nicht mehr konservierbares Band aus Bronzeplättchen am Schädel wohl eher vom Kantenbesatz einer Kappe als von einem durchgehenden Stirnband (»Diadem«). Auch ein 1,9 Zentimeter breites Blechband aus einem anderen Grab könnte der Kantenbesatz einer Kappe gewesen sein.

Die Kleidungsteile wurden durch Nadeln aus Knochen oder Bronze zusammengehalten. Die Nadeln befanden sich fast immer in der Brustregion und hatten an ihrem Kopf eine Aufhängevorrichtung. Die Knochennadeln waren durchbohrt, und die Bronzenadeln mit einer Schlaufe, Hülse oder Durchbohrung versehen, um die Nadeln mit einem Faden am Gewand befestigen und einen Verlust vermeiden zu können. Offenbar hat man die Nadeln immer mit dem Kopfende zum Gesicht gewandt getragen.

Die Kleidung wurde überwiegend in der Taillengegend gegürtet. Darauf deuten Bronzeblechreste hin, die als Besatz eines Ledergürtels gedient haben dürften. Diese Bronzeblechreste waren meistens so an zwei Kanten umgefalzt, dass sie auf eine flache rechteckige Unterlage geschoben werden konnten.

Anhänger in Form von durchbohrten Knochenstücken, V-förmigen Knöpfen, Tierzähnen, Muschelschalen und Schneckengehäusen sowie Knochenringen markierten manchmal die Kanten von Kleidungsstücken. Sie geben Auskunft darüber, wie die damalige Garderobe geöschnitten war.

In einem Grab von Gemeinlebarn A fielen zwei Reihen von 30 Hundezähnen und 67 Knochenanhängern auf, die von der Achsel bis zum Bauch des Toten reichten. Dabei handelte es sich wohl um den Kantenbesatz einer offenen Jacke oder eines Umhangs. Bei einem anderen Toten von dort bedeckten 386 Gehäuse der Täubchenschnecke *(Columbella rustica)* und 84 Knochenanhänger den Hals, die Schulter und die Brust. Diese Besatzstücke verzierten die Kanten eines um den Hals herumgeführten und auf der Brust zusammenlaufenden Gewandes. Bei weiteren Bestattungen von Gemeinlebarn A wurde durchbohrter Zahnschmuck in der Hals, Brust und Bauchgegend gefunden.

Die Unterwölblinger Leute siedelten vor allem entlang der Donaunebenflüsse Enns, Ybbs, Melk, Fladnitz, Traisen und Große Tulln. Manchmal reihten sich die Gehöfte am Flussufer regelrecht wie an einer Kette auf. Sie waren auf Niederterrassen etwa acht bis zehn Meter über der Flussniederung in vor Hochwasser geschützter Lage errichtet worden.

In Franzhausen[2] wurden Reste eines Gehöfts aus dieser Zeit entdeckt, das etwa 300 Meter vom Gräberfeld Franzhausen I entfernt lag. Bei dem Komplex handelt es sich um Lehmentnahme-, Speicher- und Abfallgruben sowie um Grundrisse zweier kleinerer Wirtschaftsbauten und zweier Langhäuser von 17 Meter Länge und acht Meter Breite. Die Wirtschaftsgebäude wurden vermutlich für die Lagerung von Vorräten und für handwerkliche Arbeiten benutzt. Dagegen gelten die Langhäuser als Wohnbauten.

In den geräumigen Langhäusern des Gehöfts von Franzhausen identifizierte man Feuerstellen und kleine Pfostenlöcher. Diese stammen möglicherweise von Holzregalen, auf denen Tongefäße standen und Hausrat lag. Hüttenlehmbrocken aus den erwähnten Gruben belegen Flechtwände mit Lehmbewurf. Als Besitzer solcher Anwesen in der Gegend von Franzhausen nimmt man Großbauern an, die womöglich eine wichtige Rolle bei Tauschgeschäften mit Metall spielten.

Reste von zweischiffigen Langhäusern in Pfostenbauweise wurden in Oberndorf/Ebene bei Herzogenburg[3] gefunden. Diese Gebäude waren gut 20 Meter lang und sechs Meter breit. Man hatte sie teilweise von Südwesten nach Nordosten oder von Nordwesten nach Südosten ausgerichtet. Die Funde aus den Pfostenlöchern und Siedlungsgruben stammen überwiegend aus der Frühbronzezeit.

Tönernes »Brotlaib-Idol« mit »strahlenförmigen« Einstichen
aus dem Gräberfeld Franzhausen II in Niederösterreich.
Seine Funktion ist umstritten.
Länge des Objekts 7,23 Zentimeter.
Original im Urzeitmuseum, Nußdorf an der Traisen

Die Bauern von Franzhausen I hielten Schafe, Ziegen, Rinder und Schweine als Haustiere. Hunde sind dort und im Gräberfeld von Gemeinlebarn A anhand von Zahnschmuck nachgewiesen. In Krems fand man das Schädelfragment eines erwachsenen Hundes. Knochenrelikte von Schafen oder Ziegen und der Eckzahn eines männlichen Schweines wurden im Gräberfeld von Ossarn geborgen. Im Gräberfeld von Unterwölbling kam ein Pferdezahn zum Vorschein.

Zur Nahrung gehörten außer Speisen aus Getreidemehl, der Milch von Ziegen und Rindern, dem Fleisch von geschlachteten Haustieren auch Wildbret, das Fleisch von Flussmuscheln und möglicherweise Beeren von wildwachsenden Weinreben. Milchprodukte hat man nach Ansicht mancher Prähistoriker mit tönernen Siebgefäßen hergestellt, wie sie in Kindergräbern von Franzhausen I lagen. Zahnschmuck aus Gemeinlebarn ist ein Indiz für die Jagd auf Rothirsche *(Cervus elaphus)*, Wölfe *(Canis lupus)* und Braunbären *(Ursus arctos)*. Reste von gesammelten Flußmuscheln wurden unter den Grabbeigaben von Franzhausen I identifiziert. Ein Samenfund aus einem Grab von Franzhausen II deutet darauf hin, dass auch Beeren von Wildem Wein *(Vitis sylvestris)* gesammelt und verzehrt worden sein könnten. Die Töpfer der Unterwölblinger Gruppe modellierten Tassen, Schüsseln, Henkeltöpfe, Krüge und Siebgefäße. Besonders typisch war die so genannte Unterwölblinger Tasse mit halbkugeligem Bauch und hohem Hals.

Im Grab 205 von Franzhausen lag ein tönernes »Brotlaib-Idol« zusammen mit einem bronzenen Pfriem oberhalb der linken Beckenregion eines Toten. Da das Grab und das »Brotlaib-Idol« nach Ansicht des Ausgräbers Johannes-Wolfgang Neugebauer nicht gleichen Alters sind, ist das »Idol« möglicherweise einem späteren Grabräuber aus der Tasche gerutscht. Der Franzhausener Fund ist mit »strahlenförmigen« Einstichen und zwei kleinen Grübchen versehen. Ein »Brotlaib-Idol« von Schiltern-Burgstall in Niederösterreich mit Muscheleindrücken könnte ebenfalls aus der Zeit der Unterwölblinger Gruppe, aber auch aus der Veterov-Kultur stammen.

Im Gegensatz zu den damals im nördlichen Niederösterreich ansässigen Metallhandwerkern der Aunjetitzer Kultur, die den Guss bevorzugten, haben die Unterwölblinger Leute ihre Werkzeuge, Waffen und Schmuckstücke meistens geschmiedet. Typische Erzeugnisse von ihnen sind mit Punkten verzierte Objekte aus Kupfer- und Bronzeblech.

Zu den metallenen Werkzeugen der Aunjetitzer Leute gehörten bronzene Pfrieme und Meißel. Die Bronzepfrieme werden unterschiedlich als Essbestecke (Spießchen), Tätowiernadeln oder als Geräte zur Verzierung von Knochen- und Bronzeobjekten gedeutet. Mit den Bronzemeißeln sollen Knochen- und Bronzeobjekte bearbeitet worden sein. Solche Meißel und Pfrieme sind aus dem Gräberfeld Gemeinlebarn A bekannt. Aber auch Werkzeuge aus Stein und Geweih waren noch in Gebrauch. In Gemeinlebarn A fand man eine Beilklinge aus Hornblendeschiefer zur Holzbearbeitung, eine Hirschgeweihhacke und ein Gerät

unbekannter Funktion aus dem Zahn eines Braunbären.

Bei den metallenen Waffen handelte es sich um bronzene
Dolche und Randleistenbeile, die als Streitäxte
gehandhabt wurden. Bronzedolche fanden sich vor
allem in Gräbern von Männern, manchmal aber auch
in jenen von Kindern und Frauen. In Männergräbern
war der Dolch wohl als echte Waffe gedacht, in
Kindergräbern als Würdezeichen vornehmer Knaben
und in Frauengräbern, wo er bei den Speisegaben lag,
als Fleischmesser. Die Dolche weisen gelegentlich eine
verzierte Klinge auf. Bronzene Streitäxte kamen in den
Gräberfeldern Franzhausen I und II zum Vorschein.

Die in Franzhausen I und II geborgenen Beigaben für
die Toten belegen, dass die Steinwaffen von jenen aus
Bronze noch nicht ganz verdrängt worden waren. Im
ersteren Friedhof barg man zwölf bronzene Beilklingen,
Bronzedolche, aber auch zwei Armschutzplatten aus
Sandstein für Bogenschützen, vier Steinbeile und eine
tönerne Miniaturaxt in einem Kindergrab.

Außer dem Kupfer aus fernen Gegenden wechselten
bei Tauschgeschäften auch Schneckengehäuse,
Bernstein- und Goldschmuck den Besitzer. Die in
Gemeinlebarn A entdeckten Schneckengehäuse der Art
Columbella rustica stammen vom Mittelmeer. Die Gehäuse
der Zahnschnecke *Dentalium* von Gemeinlebarn A
können am Mittelmeer oder an der Nordsee aufgelesen
worden sein. Der Bernstein aus Franzhausen I wurde
an der Ostsee aufgesammelt. Das Gold von Franzhausen I hat man in Siebenbürgen gewonnen, worauf

Spektralanalysen des Metalls und östliche Formen des Goldschmucks hinweisen.

Manchmal haben die Metallhändler auf dem Weg zu den Abnehmern ihrer Tauschwaren Verstecke angelegt und diese später nicht mehr aufgesucht beziehungsweise gefunden. Zwei solcher Metalldepots wurden in Ragelsdorf entdeckt. Zum 1972 geborgenen Depot gehören Ringbarren, Spiralarmreifen und Randleistenbeile. Das 1985 aufgespürte Depot enthält 152 Ösenhalsreifen und sieben Spiralarmreifen im Gesamtgewicht von 35 Kilogramm, die vermutlich in einem Ledersack aufbewahrt wurden. Die Ringbarren waren mit Schnüren zusammengebunden.

Aufgrund genauer Untersuchungen der Schmuckbeigaben in den Gräbern von Männern und Frauen ermittelte die Zürcher Prähistorikerin Margarita Primas eine ältere und eine jüngere Kombination des Schmucks. So gehörten zur älteren Trachtkombination der Frauen paarweise getragener Schläfenschmuck (meistens aus Draht), Halsschmuck aus verschiedenen Materialien (beispielsweise Anhänger aus dem Gehäuse der Zahnschnecke *Dentalium*), gelegentlich Besatz der Kleidung und selten Nadeln.

Die jüngere Trachtkombination der Frauen umfasste dagegen Bronzeschmuck für den Kopf, den Hals, die Schultern, Arme und Hände. Als Neuheit gelten kleine Schleifenringe als Fingerschmuck, Bronzeperlen und Blechröhrchen im Halsschmuck, in dem die Gehäuse der Zahnschnecke Dentalium jetzt fehlen, und Ösenhalsringe. Nadeln erfreuten sich nun größerer

Beliebtheit. Knochennadeln kamen vor allem in bei-
gabenarmen Frauen- oder Kindergräbern zum Vorschein, Metallnadeln in gut ausgestatteten Gräbern.

Zur älteren Trachtkombination der Männer gehörten
geringfügige Beigaben aus Metall- und sonstigem
Schmuck. Spiral- oder Schläfenringe lagen meistens nur
an einer Seite des Kopfes. Beim Besatz der Kleidung
überwogen Knochenobjekte.

Bei der jüngeren Trachtkombination der Männer fällt
auf, dass nun auch einzelne Personen üppig mit Schmuck
versehen wurden, obwohl dies sonst ein besonderes
Kennzeichen der Frauengräber war. In den reichen
Männergräbern hatten es Grabräuber fast nur auf den
Metallschmuck abgesehen.

Die außerordentliche Formenvielfalt des Schmucks
spiegelt sich eindrucksvoll im Gräberfeld Gemeinlebarn A wider. Dort fand man bronzene Nadeln,
Kleidungsbesatzstücke, Kopfschmuck, Noppenringe,
goldene Ohrringe, Halsketten mit Anhängern aus
Bronze, Muschelschalen, Schneckengehäusen,
Tierzähnen, Perlmutt, Tierknochen, Knochenringen
und -scheiben, Ösenhalsringe, Arm- und Fingerschmuck.

In Gemeinlebarn A wurden sechs verschiedene Formen
von bronzenen Nadeln zum Zusammenhalten von
Kleidungsteilen und als deren Schmuck entdeckt. Sie
sind jeweils nach der Gestaltung ihres oberen Endes
benannt: als Rollen-, Ruder-, Scheiben-, Schleifen-,
Spiral- und Kugelkopfnadeln. Die Schleifennadel wird
auch als zyprische Schleifennadel bezeichnet.

Als Besatzstücke der Kleidung wurden in Gemeinlebarn A Blechtutuli, Brillenspiralen und Wellenbleche nachgewiesen. Bei den Blechtutuli handelt es sich um kegelförmige Bleche von bis zu zwei Zentimeter Breite und 1,4 Zentimeter Höhe, die am Rand an zwei Stellen durchbohrt sind, um sie aufnähen zu können.

Brillenspiralen bestanden aus Bronzedraht, der zu zwei gleichgroßen flachen brillenähnlich miteinander verbundenen Spiralscheiben zusammengerollt war. Die maximal vier Zentimeter breiten Wellenbleche hat man aus Blechstreifen geschaffen, die wellenartig zusammengebogen und an den Kanten röhrchenförmig aufgerollt wurden.

Als typischer Kopfschmuck von Gemeinlebarn A gilt ein zwei bis 3,2 Zentimeter breites Bronzeblechband (»Diadem«). Es umgab den Kopf, war an beiden Längskanten mit einer eingepunzten Punktreihe verziert und diente einst als Randbesatz einer Kappe. Solche »Diademe« wurden auch in Gedersdorf bei Krems, Spitz und Unterwölbling gefunden.

Die in Gemeinlebarn A geborgenen Noppenringe hielten überwiegend die Frisuren der Frauen und Kinder zusammen, in Männergräbern waren solche Schmuckstücke eine Rarität. Sie bestehen aus Bronzedraht, der spiralförmig um einen runden Gegenstand gewickelt wurde. Dabei hat man den runden Draht einfach oder doppelt genommen.

Den seltenen Fund von drei goldenen Ringen in einem Grab von Gemeinlebarn A deutet der deutsche Prähistoriker Eckehart Schubert als Ohrschmuck.

Besonders viele Schmuckstücke aus Gold kamen im Gräberfeld Franzhausen I zum Vorschein.

Beim Halsschmuck hatten die Leute von Gemeinlebarn A die Qual der Wahl. Es gab nämlich Halsketten mit Bronzeperlen, Bronzeblechröhrchen, Spiralröllchen, Muschelschalen, Gehäusen von Zahnschnecken *(Dentalium)*, Tierzähnen, Perlmutt- und Knochenstücken als Anhänger sowie bronzene Ösenhalsringe. An den Halsketten hingen meistens nur Anhänger einer einzigen Sorte. Ob die Ketten ein- oder zweireihig waren, lässt sich nicht sagen.

Die Bronzeperlen wurden tonnenförmig gegossen und in der Mitte mit einer Öffnung versehen, durch die man sie auffädeln konnte. Das für die Anfertigung von Bronzeblechröhrchen verwendete Blechband war ebenso breit wie das der »Diademe« und Gürtelbeschläge. Man rollte die Bänder so der Länge nach auf, bis sie die Längskanten merklich überragten. Dagegen wurden die Spiralröllchen aus Bronzedraht geschaffen.

Die in Gemeinlebarn A nachgewiesenen Anhänger von Halsketten aus Schneckengehäusen stammen von im Mittelmeer vorkommenden Täubchenschnecken *(Columbella rustica)*, Turmschnecken *(Cerithium)* und Herzmuscheln *(Cardium)*. Auch die Anhänger aus den Gehäusen von Zahnschnecken scheinen am Mittelmeer aufgesammelt worden sein, wo die Art *Dentalium vulgare* vorkommt. Allerdings gab es in der Nordsee die ähnlich aussehende, artverwandte Röhrenschnecke *(Dentalium dentale)*.

Zwei von den sieben Spiralarmbänder
aus dem Depot 2 von Ragelsdorf in Niederösterreich.
Höhe der sieben Spiralarmreifen 8,1 bis 8,9 Zentimeter,
Gewicht 179 bis 205 Gramm.
Originale im Historischen Museum
der Stadt Sankt Pölten

Die Anhänger für Halsketten aus Tierzähnen von Gemeinlebarn A gewann man aus Schneide- oder Eckzähnen vom Hund, Wolf oder Braunbär, die durchbohrt wurden. Als Rohmaterial für langgestreckte trapezförmige Anhänger diente das Perlmutt von Muschelschalen oder Tierknochen. Solche Anhänger aus Gemeinlebarn A waren 1,8 bis 3,2 Zentimeter lang und am schmaleren Ende häufig abgerundet und durchbohrt. Die Knochenringe oder -scheiben aus Gemeinlebarn A haben einen Durchmesser von 1,5 bis 3,8 Zentimetern.

Bei den massiven Ösenhalsringen von Gemeinlebarn A wurden die sich verjüngenden Enden platt gehämmert und zu einer Öse zusammengerollt. Anders als bei den Versteckfunden sind die Ösenhalsringe aus Gräbern immer sehr sorgfältig bearbeitet und haben eine glatte Oberfläche.

Als Armschmuck trug man in Gemeinlebarn A unter anderem Ringe aus Bronzedraht, Spiralarmbänder und offene Armringe. Die Spiralarmbänder wurden aus drei bis sechs Millimeter breiten Bronzebändern mit mindestens zwei bis maximal sechs Windungen zusammengerollt. Die massiv gegossenen Armringe waren offen und hatten sich verjüngende, spitzrund gestaltete Enden. Die Armbänder und -ringe wurden – wie anhand der Bestattungen in Gemeinlebarn A ersichtlich war – links, rechts oder beidseitig an Unter- oder Oberarm getragen.

Fingerringe aus Bronzedraht mit einem Durchmesser von 1,5 bis 2,5 Zentimetern, wie sie aus Gemeinlebarn

Zeichnung auf Seite 35:

*Rekonstruktion einer Frauentracht aus der Zeit
der Unterwölblinger Gruppe. Sie basiert auf Schmuckfunden
aus einem Grab des frühbronzezeitlichen Gräberfeldes
von Franzhausen I im Traisental in Niederösterreich.
Zeichnung von Friederike Hilscher-Ehlert, Königswinter,
für das Buch »Deutschland in der Bronzezeit« (1996)
von Ernst Probst*

A vorliegen, schmückten eine oder beide Hände. Manchmal prangten sie an mehreren Fingern.

Noch viel reicher und vielfältiger als jener von Gemeinlebarn A ist der Schmuck aus dem Gräberfeld von Franzhausen I. Dort stellte sich bei den Ausgrabungen heraus, dass die Kinder mit den gleichen Schmuckstücken wie die Erwachsenen ausstaffiert waren – allerdings in kleinerer Ausführung. Zum Fundgut von Franzhausen I gehören unter anderem 128 bronzene Schmucknadeln, 22 Ösenhalsreife, 73 Armreife, zwei Fußreife, mehr als 50 Fingerringe sowie Knochen-, Muschel-, Schnecken-, Bernstein-, Glas- und Goldschmuck.

Als besonders herausragende Schmuckstücke von Franzhausen I gelten drei prächtige, aus Bronzeblech angefertigte Damenhutzierden und 19 goldene Lockenringe aus Gräbern von Männern und Jungen. Die Damenhutzierden in umgekehrter V-Form kamen in Gräbern von vornehmen Frauen zum Vorschein. Man hatte sie aus zwei großen, in der Mitte abgewinkelten Bronzeblechstreifen mit eingerollten Enden zusammengefügt. Miteinander verbunden wurden die beiden Teile durch zahlreiche, U-förmig gebogene und dachziegelartig übereinandergelegte Lamellen. Solche »Kunstwerke« schmückten den oberen Bug von Hüten, die »Zweispitzen« ähnelten.

Die Damenhutzierden von Franzhausen sind am Rand mit Reihen von kleinen Buckelchen versehen, die durch Einstiche auf der Rückseite herausgedrückt wurden. In der Mitte ihrer Längsachse sind kreuzartige Symbole zu erkennen, die stark abstrahierte menschliche Figuren mit ausgebreiteten Armen symbolisieren könnten. Auch in einem Frauengrab von Unterwölbling wurde eine Damenhutzierde geborgen. Diese hat 1935 der Wiener Prähistoriker Kurt Willvonseder (1903–1968) irrtümlich als Kammaufsatz eines Helms (Helmcrista) betrachtet.

Ungewöhnliche Schmuckstücke lagen in manchen Gräbern von Franzhausen II. Dort barg man einen sternförmigen Bernsteinanhänger und zwei jeweils 5,3 Zentimeter große Goldscheiben mit kreuzförmigen Linienornamenten. Mit den Goldscheiben hatte man überdimensionale Knöpfe aus organischem Material überzogen. Sie prangten auf der Stirnseite von Lederkappen, die von Frauen getragen wurden.

Ein große Seltenheit unter den Schmuckstücken waren blaue Glasperlen. Derartige Kostbarkeiten kamen unter den Grabbeigaben auf dem Spielberg bei Melk[4] ans Tageslicht. Solche Pretiosen dürften importiert worden sein.

Die Toten der Unterwölblinger Gruppe wurden in der gleichen Ausrichtung wie zuvor die jungsteinzeitlichen Glockenbecher-Leute bestattet. Man legte die Männer auf die linke Körperseite mit dem Kopf im Norden und den Beinen im Süden. Dagegen bettete man die Frauen auf die rechte Körperseite mit dem Kopf im Süden und den Beinen im Norden. Sowohl bei Männern als auch bei Frauen war das Gesicht dem Osten zugewandt. Ähnlich verfuhr man je nach Geschlecht bei den Kindern.

Die Gräberfelder Franzhausen I und Franzhausen II der Unterwölblinger Gruppe gehören derzeit mit insgesamt 2100 Beisetzungen zu den größten frühbronzezeitlichen Friedhöfen Mitteleuropas. Auf dieses riesige Areal im Traisental wurde man beim Bau der Schnellstraße S 33 von Krems nach Sankt Pölten aufmerksam.

Bei den Ausgrabungen durch das Bundesdenkmalamt von 1981 bis 1983 unter der Leitung des Wiener Prähistorikers Johannes-Wolfgang Neugebauer sind insgesamt 714 Bestattungen freigelegt worden. Das Gräberfeld Franzhausen I ist 220 Meter lang und 140 Meter breit. Es wurde von mehreren Familien, deren Gesamtkopfzahl auf etwa 30 Personen geschätzt wird, jahrhundertelang als Friedhof benutzt. Man hat die Gräber durchschnittlich etwa 1,30 Meter tief ausgehoben. Es gab aber – wie erwähnt – je nach sozialem Status auch deutlich flachere und tiefere Gräber. Darüber schüttete man niedrige Erdhügel auf und markierte das Kopfende mit einem Pfosten.

In Franzhausen I wurden die Verstorbenen überwiegend einzeln beigesetzt. Doppel- oder Mehrfachbestattungen waren Ausnahmen. Lagen mehr Verstorbene als einer im Grab, so sind diese Menschen zu unterschiedlichen Zeiten beerdigt worden. Nur im Grab 599 hatte man drei Tote gleichzeitig zur letzten Ruhe gebettet. In einem anderen Grab wurde eine schwangere Frau mit den Knochen des Fötus im Unterleib gefunden. Manchmal ruhten die Toten in Baumsärgen aus halbierten Baumstämmen.

Etwa zwei Drittel der Gräber von Franzhausen I enthielten Tongefäße als Beigaben, von denen die Tassen und Töpfe vermutlich mit Getränken sowie die Schalen und Schüsseln mit Speisen gefüllt waren. Jedem fünften der dort Bestatteten hatten die Hinterbliebenen Fleischstücke von Ziegen, Schafen, Rindern oder Schweinen als Wegzehrung für das Jenseits mit ins Grab gelegt. Am häufigsten wählte man hierfür Fleisch von Ziegen oder Schafen. In zwei Gräbern lagen Flussmuscheln als Proviant.

Etwa 300 Meter vom Gräberfeld Franzhausen I entfernt liegt der ebenfalls aus der Zeit der Unterwölblinger Gruppe stammende Friedhof Franzhausen II. Dort wurden von 1985 bis 1994 unter der Leitung von Johannes-Wolfgang Neugebauer mehr als 1400 Hockergräber freigelegt.

Die Bestattungen der Oberschicht sind durch Steinumstellungen und -abdeckungen geschützt. Ein Grab wird durch eine 1,2 Meter hohe steinerne Stele markiert. Zum Friedhof Franzhausen II gehörte auch ein neun Meter langes und drei Meter breites Vorhallenhaus mit jeweils zwei seitlichen Eingängen. Dieses Gebäude spielte vielleicht bei den Totenfeiern eine Rolle.

Für eine kleine Gräbergruppe im Friedhof Franzhausen II wurde zunächst die Bezeichnung »Franzhausen III« gewählt. Dort umgibt den Bestattungsplatz der Frühbronzezeit eine große, locker belegte Zone mit Gräbern der Böheimkirchener Gruppe der Veterov-Kultur.

Bis zur Entdeckung der Gräberfelder Franzhausen I und II galt der Friedhof Gemeinlebarn A als der größte Bestattungsplatz der Unterwölblinger Gruppe. In Gemeinlebarn A wurden von 1885 bis 1923 insgesamt 162 Gräber freigelegt. Die Grabgruben waren oval bis rechteckig, 1,20 bis 2,50 Meter lang und 70 Zentimeter bis 1,50 Meter breit; Kindergräber hatten bescheidenere Maße.

Auch in Gemeinlebarn A hob man die Gräber für die Wohlhabenden tiefer aus als für die Armen. So reichte das Grab eines vornehmen Toten 2,80 Meter tief in den Boden.

Die wertvollen Metallbeigaben in den Gräbern von Gemeinlebarn A und Franzhausen I hatten die Gier von Grabräubern geweckt. Im Friedhof Gemeinlebarn A war etwa jedes dritte Grab geplündert worden. Dies schloss man aus den Grünfärbungen an Skeletten, die von ehedem dort befindlichen metallenen Schmuckstücken verursacht wurden. In Franzhausen I blieben nur wenige Gräber von den Frevlern verschont. Bei den Grabräubern könnte es sich nach Vermutungen des Prähistorikers Johannes-Wolfgang Neugebauer um nichtsesshafte Außenseiter der Gesellschaft gehandelt haben, die in Banden auftraten.

Der Plünderungen wurden den Räubern dadurch erleichtert, dass die Gräber oberirdisch am Schädelende der Verstorbenen durch Pfähle oder Steinstelen markiert waren und sie daher nicht lange nach den Schädeln und Oberkörpern suchen mussten, wo die Mehrzahl der Metallbeigaben zu finden war. Beim Durchwühlen der

Gräber rissen die Räuber rücksichtslos nicht nur Skelette, sondern auch unverweste Leichen aus den Gruben, um der Schmuckstücke besser habhaft zu werden. Von vielen Bestattungen wurden nach der Fledderei Schädel oder Skelettreste des Körpers in benachbarte Gräber geworfen.

Etwa ein Kilometer westlich des Gräberfeldes Gemeinlebarn A erstreckte sich der als Gemeinlebarn B bezeichnete Friedhof, der ebenfalls zur Unterwölbinger Gruppe gehört. Ein Teil dieses Gräberfeldes, am Rand einer Schottergrube gelegen, wurde von Ambros Zündel (1846–1905), dem damaligen Gemeinlebarner Schulleiter, zwischen 1890 und 1899 nach und nach ergraben, wobei 24 Gräber zum Vor-schein kamen. Der Fundort Gemeinlebarn C umfasste ein jungsteinzeitliches Brandgrab und bronzezeitliche Streufunde. Das Gräberfeld F mit dem Fundort E ist jünger als die Unterwölblinger Gruppe.

Weitere Friedhöfe der Unterwölblinger Gruppe kennt man aus Sankt Pölten/Unterradlberg[5] (264 Bestattungen), Ossarn[6] (mindestens 75 Gräber), Pottenbrunn[7] (74 Bestattungen), vom namengebenden Fundort Unterwölbling[8] im Fladnitztal (51 Gräber geborgen, Gräberfeld ursprünglich viel größer), Melk-Spielberg[9] (31 Gräber erfasst), Oberndorf/Ebene[10] (26 Bestattungen) und aus Spitz an der Donau[11] (sieben Gräber).

Neben Bestattungen in Gräbern von auf natürliche Weise Verstorbenen gab es auch solche von gewaltsam ums Leben gekommenen Menschen in Siedlungsgruben. Derartige aus dem üblichen Rahmen fallende

Funde wurden in Oberndorf/ Ebene und in Franzhausen zutage gefördert. Sie führen vor Augen, dass es
im Alltag der Unterwölblinger Leute nicht immer
friedlich zuging.

In einer Siedlungsgrube von Oberndorf/Ebene[12] lagen
ein etwa 50 Jahre alter Mann und eine mindestens 18-
jährige Frau, die beide von etlichen Angreifern
erschlagen worden waren. Wie pickelartige Hiebspuren
zeigen, hatten die Täter ihre Opfer mit den stumpfen
Seiten von Streitäxten beziehungsweise Streitmeißeln
umgebracht. Aufgrund der benutzten Waffen und
mitgefundenen Keramiken wird diese Sonderbestattung
an das Ende der Unterwölblinger Gruppe beziehungsweise an den Beginn der Böheimkirchener Gruppe der
Veterov-Kultur datiert.

Der Wiener Anthropologe Emil Breitinger stellte am
Schädel des Mannes ein Dutzend schwerer Verletzungen
mit tödlichem Ausgang fest. Außerdem hatte man ihm
anscheinend die Frontzähne des Oberkiefers aus-
geschlagen. Nachdem die junge Frau unter wuchtigen
Schlägen auf den Kopf auf die linke Körperseite
zusammengebrochen war, prügelten die Angreifer in
sinnloser Wut auf ihre rechte Kopfseite ein und
zertrümmerten den Hirnschädel.

Der alte Mann und die junge Frau von Oberndorf/
Ebene wurden entweder bei einem Überfall durch
Fremde ermordet oder sie fielen einer Bestrafungsaktion
durch eigene Leute zum Opfer. Vielleicht sind sie beim
Ehebruch ertappt und deswegen umgebracht worden.
Danach hat man beide in einer Siedlungsgrube bestattet.

Der Mann lag auf der linken Körperseite und die Frau rechts neben ihm auf dem Bauch, wobei es so aussieht, als ob die 18-jährige den alten Mann noch im Tode umarmen würde.

Auf gewaltsame Weise ist auch ein ungefähr 30 Jahre alter Mann ums Leben gekommen, der in einer Abfallgrube von Franzhausen lag. Sein Schädel trägt Spuren von Schlägen, und das Skelett ist unvollständig und zerstückelt. Es fehlen die Rippen, der rechte Arm und die unteren Teile der Beine. Den Körper dieses bedauernswerten Menschen hatte man offenbar nach dem Tod zerteilt und die fehlenden Partien dürften verspeist worden sein. Rituell motivierter Kannibalismus war in der Bronzezeit gang und gäbe.

Anmerkungen

1] Die Harris-Linien sind nach dem englischen Röntgenologen H. A. Harris benannt, dessen Aufsatz hierüber 1931 in der Publikation »Radiology« erschien.

2] Das Gehöft von Franzhausen wurde bei Rettungsgrabungen von 1981 bis 1984 am Rand eines großen urnenfelderzeitlichen Gräberfeldes durch den Prähistoriker Johannes-Wolfgang Neugebauer (1949–2002) vom Bundesdenkmalamt Wien untersucht. Neugebauer hatte die Gesamtleitung der Rettungsgrabungen von 1981 bis bis 1994 im Unteren Traisental.

3] Die Grundrisse der Langhäuser von Oberndorf/Ebene wurden im Sommer 1990 während den seit 1981 laufenden Rettungsgrabungen im Unteren Traisental unter Leitung von Johannes-Wolfgang Neugebauer (s. Anm. 2) entdeckt. Örtlicher Grabungsleiter war der Wiener Prähistoriker Christian Mayer.

4] Auf dem Spielberg bei Melk wurden schon um die Wende vom 19. zum 20. Jahrhundert Grabungen durchgeführt. 1969 hat man diese Fundstelle untersucht, weil darüber der südliche Teil der neuen Donaubrücke Melk errichtet werden wollte.

5] Der Friedhof von Sankt Pölten/Unterradlberg wurde 1982 entdeckt und bis 1992 unter Leitung von Johannes-Wolfgang Neugebauer (s. Anm. 2) ausgegraben.

6] In der Ossarner Schottergrube kamen zwischen 1935 und 1937 mehrere Gräber zum Vorschein, deren Inhalt der Prälat Georg Hahnl (1898–1963), damals Propst des Stiftes Herzogenburg, aufbewahrte und inventarisierte. Der Schotterabbau wurde im Zweiten Weltkrieg unterbrochen und erst zu Beginn der 1950er Jahre wieder aufgenommen. Zwischen 1950 und 1962 hat man erneut Gräber entdeckt und ihren Inhalt dem Prälaten übergeben, der wegen des raschen Fortgangs des Schotterabbaus im Frühjahr eine Reihe von Gräbern ausgraben ließ. Als noch mehrere andere Gräber entdeckt wurden, besichtigte die Wiener Prähistorikerin Gertrud Moßler (1919–1994) die Fundstelle und erkannte die Notwendigkeit einer Untersuchung. Zwischen dem 12. Juni und dem 12. Juli 1962 führte das Bundesdenkmalamt Wien eine Grabung durch. Weitere Grabungen erfolgten vom 29. April bis 21. Mai 1963 und vom 25. bis 28. Juni 1963 sowie 1966 und 1981.

7] In Pottenbrunn wurde 1981 bei der Errichtung einer neuen Straßenmeisterei ein frühlatènezeitlicher Adelsfriedhof entdeckt. In dessen Mitte kam ein Friedhof der Unterwölblinger Gruppe zum Vorschein, den Johannes-Wolfgang Neugebauer (s. Anm. 2) untersuchte.

8] Im Friedhof von Unterwölbling (Flur Kirchbühel) wurden zwischen 1908 und 1925 sowie 1950/51 insgesamt 51 Körpergräber und eine Brandbestattung gefunden. Als Ausgräber betätigten sich der Wiener Prähistoriker Josef Bayer (1882–1931) beziehungsweise der Wiener Anthropologe Wilhelm Ehgartner (1914–1965) sowie die Wiener Prähistoriker Fritz Felgenhauer und Karl Kromer. Zusammen mit den unbeobachtet zerstörten Teilen muss der Friedhof einst zwischen 100 und 200 Gräbern umfaßt haben.

9] s. Anm. 4

10] 1982 wurde im Zuge der Errichtung des Südzubringers zur Schnellstraße 33, der Öffnung einer Begleitschottergrube und des Baus einer Umfahrungsstraße in Oberndorf/Ebene ein Friedhof entdeckt, den Johannes-Wolfgang Neugebauer (s. Anm. 2) untersuchte.

11] Der Arbeiter Raimund Weber (1909–1965) fand am 17. August 1929 in Spitz beim Grundausschachten für einen Scheunenneubau neben dem Haus Nr. 3 ein Skelettgrab mit Bronze und Keramik. Am 24. August erhielt der Prähistoriker Josef Bayer (s. Anm. 8) in Spitz die Funde und die Grabungserlaubnis für weitere Untersuchungen. Schon Jahre zuvor hatte man beim Setzen eines Lichtleitungsmastes ein Skelett freigelegt.

12] Die Sonderbestattung von Oberndorf/Ebene wurde von dem Grabungstechniker und Korrespondenten des Bundesdenkmalamtes Wien, Alois Gattringer aus Traismauer, entdeckt.

Literatur

BERTEMES, François: Das frühbronzezeitliche Gräberfeld von Gemeinlebarn. Kulturhistorische und paläometallurgische Studien. Saarbrücker Beiträge zur Altertumskunde, Band 45, Bonn 1989

BREITINGER, Emil: Die Skelette der Doppelbestattung aus einer frühbronzezeitlichen Kulturgrube bei Oberndorf/ Ebene im Traisental, NÖ. Mitteilungen der Anthropologischen Gesellschaft in Wien, Band 67, S. 47–89, Horn/Wien 1987

EHGARTNER, Wilhelm: Frühbronzezeitliche Skelette aus Unterwölbling, p. B. St. Pölten, NÖ. Archaeologia Austriaca, Heft 32, S. 62–84, Wien 1962

ENGELHARDT, Kristin: Bronzezeitliche und Latènezeitliche Gräber aus Ossarn, p. B. St. Pölten, NÖ. Archaeologia Austriaca, Beiheft 13, Festschrift Richard Pittioni, I Urgeschichte, S. 362–396, Wien 1976

FELGENHAUER, Fritz: Frühbronzezeitliche Gräber aus Spitz a. d. Donau, N. Ö. Ein Beitrag zum Problem des Typus Unterwölbling. Archaeologia Austriaca, Heft 11, S. 1– 25, Wien 1952

FRIESINGER, Herwig: In memoriam Richard Pittioni (1906– 1985). Mitteilungen der Anthropologischen Gesellschaft in Wien, Band 115, S. 181–182, Wien 1985

JUNGWIRTH, Johann: Frühbronzezeitliche Schädel aus Spitz a. d. Donau, N.. Archaeologia Austriaca, Heft 11, S. 26–41, Wien 1952

KAISER, Gudrun: Das frühbronzezeitliche Gräberfeld von Unterwölbling, p. B. St. Pölten. Archaeologia Austriaca, Heft 32, S. 35–61, Wien 1962

KIRCHENGAST, Sylvia / GROSSSCHMIDT, Karl: In memoriam Eike-Meinrad Winkler. Archaeologia Austriaca, Heft 77, S. 1, Wien 1993

LIPPERT, Andreas: Das frühbronzezeitliche Gräberfeld Ossarn b. B. St. Pölten, NÖ. Archaeologia Austriaca, Heft 35, S. 14–59, Wien 1964

LIPPERT, Andreas: Eine frühbronzezeitliche Töpfergrube in Unterwinden bei St. Andrä an der Traisen, p. B. St. Pölten, NÖ. Archaeologia Austriaca, Heft 36, S. 11– 23, Wien 1964

NEUGEBAUER, Johannes-Wolfgang: Neolithische und frühbronzezeitliche Siedlungsfunde aus Trasdorf, p. B. Tulln, NÖ. Archaeologia Austriaca, Heft 52, S. 10–31, Wien 1972

NEUGEBAUER, Johannes-Wolfgang: Unterwölblinger Kulturgruppe. Aus: Die Bronzezeit im Osten Österreichs. Forschungsberichte zur Ur- und Frühgeschichte, Band 13, S. 23–27, Sankt Pölten/Wien 1987

NEUGEBAUER, Johannes-Wolfgang: Siedlungen und Gräberfelder der Bronzezeit im Raum St. Pölten-Traismauer. Forschungsberichte zur Ur- und Frühgeschichte, Band 13, S. 58–84, Sankt Pölten/Wien 1987

NEUGEBAUER, Johannes-Wolfgang: Die Rettungsgrabungen im Unteren Traisental. Mensch und Kultur der Bronzezeit. Franzhausen I, Gem. Nußdorf

an der Traisen, NÖ. Mitteleuropas größtes frühbronzezeitliches Hockergräberfeld, S. 11–15, Asparn/
Zaya 1988

NEUGEBAUER, Johannes-Wolfgang: Die Nekropole
F von Gemeinlebarn, Niederösterreich. Untersuchungen zu den Bestattungssitten und zum Grabraub in der
ausgehenden Frühbronzezeit in Niederösterreich südlich der Donau zwischen Enns und Wienerwald. Römisch-Germanische Forschungen, Band 49, Frankfurt/
Main 1991

NEUGEBAUER, Johannes-Wolfgang: Früh- und
mittelbronzezeitliche Sonderbestattungen in Ostöster-
reich. Universitätsforschungen zur prähisto-rischen
Archäologie. Aus dem Institut für Ur- und Frühgeschichte der Universität Innsbruck, Band 8, Festschrift
zum 50jährigen Bestehen des Institutes für Ur- und
Frühgeschichte der Leopold-Franzens-Universität
Innsbruck, S. 433–444, Bonn 1992

NEUGEBAUER, Johannes-Wolfgang / GATT-
RINGER, Alois: Rettungsgrabungen im Unteren
Traisental in den Jahren 1985/86. Fünfter Vorbericht
über die Aktivitäten der Abt. f. Bodendenkmale des
Bundesdenkmalamtes im Raum St. Pölten-Traismauer.
Fundberichte aus Österreich, Band 24/25, S. 71–105,
Wien 1988

NEUGEBAUER, Johannes-Wolfgang / GATT-
RINGER, Alois / MAYER, Christian / SITZWOHL,
Birgit:Rettungsgrabungen im Unteren Traisental im
Jahre 1990. Neunter Vorbericht über die Aktivitäten der
Abt. f. Bodendenkmale des Bundesdenkmalamtes im

Raum St. Pölten-Traismauer. Fundberichte aus Österreich, Band 29, S. 45–87, Wien 1991

NEUGEBAUER, Johannes-Wolfgang / GATTRINGER, Alois / BLESL, Christoph / NEUGE-BAUER-MARESCH, Christine / SITZWOHL, Birgit: Rettungsgrabungen im Unteren Traisental im Jahre 1991 (mit Ausblick auf 1992). Zehnter Vorbericht über die Aktivitäten der Abt. f. Bodendenkmale des Bundesdenkmalamtes im Raum St. Pölten-Traismauer. Fundberichte aus Österreich, Band 30, S. 87– 94, Wien 1991

NEUGEBAUER-MARESCH, Christine / NEUGE-BAUER, JohannesWolfgang: Das frühbronzezeitliche Hockergräberfeld Franzhausen I in urgeschichtlicher Sicht. Mensch und Kultur der Bronzezeit. Franzhausen I, Gem. Nußdorf an der Traisen, NÖ. Mitteleuropas größtes frühbronzezeitliches Hockergräberfeld, S. 37– 60, Asparn/Zaya 1988

NEUGEBAUER-MARESCH, Christine / NEUGE-BAUER, Johannes Wolfgang: Goldobjekte aus den Frühbronzezeitnekropolen Franzhausen I und II und Gemeinlebarn F. Mitteilungen der Anthropologischen Gesellschaft, Festschrift Wilhelm Angeli, Band 118/119, S. 101–134, Wien 1988/89

NEUNINGER, Heinz / PITTIONI, Richard: Das Kupfer des Typus Unterwölbling. Archaeologia Austriaca, Heft 32, S. 105–120, Wien 1962

SCHUBERT, Eckehart: Typus Unterwölbling. Aus: Studien zur frühen Bronzezeit an der mittleren Donau. 54. Bericht der Römisch-Germanischen Kommission 1973, S. 44–54, Frankfurt/Main 1974

STEIN, Frauke: Beobachtungen zu Tracht- und Bestattungssitten der frühbronzezeitlichen Bevölkerung von Gemeinlebarn. 49. Bericht der Römisch-Germanischen Kommission 1968, S. 1–40, Frankfurt/Main 1970

SZOMBATHY, Josef: Prähistorische Flachgräber bei Gemeinlebarn in Niederösterreich. Römisch-Germanische Forschungen, Band 3, Frankfurt/Main 1929

TESCHLER-NICOLA, Maria: Bevölkerungsbiologische Aspekte der frühen und mittleren Bronzezeit. Aus: NEUGEBAUER, Johannes-Wolfgang: Die Bronzezeit im Osten Österreichs. Forschungsberichte zur Ur- und Frühgeschichte, Band 13, S. 85–94, Sankt Pölten/Wien 1987

TESCHLER-NICOLA, Maria: Franzhausen I. Bevölkerungsbiologie der Bronzezeit. Mensch und Kultur der Bronzezeit. Franzhausen I, Gem. Nußdorf an der Traisen, NÖ. Mitteleuropas größtes frühbronzezeitliches Hockergräberfeld, S. 37–60, Asparn/Zaya 1988

TRNKA, Gerhard: Neues zu den »Brotlaibidolen«. Festschrift zum 50jährigen Bestehen des Institutes für Ur- und Frühgeschichte der Leopold-Franzens Universität Innsbruck, S. 615–621, Innsbruck 1992

WILLVONSEDER, Kurt: Ein frühbronzezeitlicher Kopfschmuck aus Niederösterreich. Germania, Jahrgang 19, 113–115, Frankfurt/Main 1935

WINDL, Helmut J.: Bronzezeit. Mensch und Kultur der Bronzezeit. Franzhausen I, Gem. Nußdorf an der

Traisen, NÖ. Mitteleuropas größtes Hockergräberfeld,
S. 7–10, Asparn/Zaya 1988

WINKLER, Eike-Meinrad / GROSSSCHMIDT, Karl:
Skelettfunde der frühen Bronzezeit aus Walterskirchen,
Fels am Wagram, Trasdorf, und Großweikersdorf.
Harris'sche Linien als Indikatoren für saisonale
Schwankungen des Nahrungsangebotes. Fundberichte
aus Österreich, Band 26, S. 9–14, Wien 1988

WOLF, Gisela: Ein Weinsamenfund aus der frühbronzezeitlichen Nekropole Franzhausen II – Niederösterreich. Fundberichte aus Österreich 1991, Band 30,
S. 95, Wien 1992

Bildquellen

Klaus Benz, Fotograf, Mainz-Laubenheim: 59
Friederike Hilscher-Ehlert, Königswinter: 57
Reproduktionen von Fotos aus dem Buch
»Deutschland in der Bronzezeit« (1996) von Ernst
Probst: 24, 32 (Dr. Christine Neugebauer-Maresch,
Klosterneuburg), 12 (Photo Simonis, Wien), 20 (Alice
Schumacher, Wien)
Reproduktionen einer Zeichnung aus dem Buch
„Deutschland in der Bronzezeit« (1996) von Ernst
Probst: 9 (Reproduktion aus Jorn Street-Jensen:
Christian Jürgensen Thomsen und Ludwig
Lindenschmit: Eine Gelehrtenkorrespondenz aus der
Frühzeit der Altertumskunde (1853–1964), Mainz
1985)
Zeichnungen von Friederike Hilscher-Ehlert für das
Buch »Deutschland in der Bronzezeit« (1996) von
Ernst Probst: 1, 35

Die wissenschaftliche Graphikerin
Friederike Hilscher-Ehlert

Friederike Hilscher-Ehlert wurde am 13. Dezember 1946 in Hamburg geboren. Sie absolvierte eine Ausbildung sowie ein Studium in den Fächern Kostümbild und Bühnenbild. Danach war sie mehrere Jahre lang an der Bühne tätig. Auf dem zweiten Berufsweg wurde sie wissenschaftliche Graphikerin mit dem Schwerpunkt Archäologie und arbeitete am Rheinischen Landesmuseum Bonn. Ihre Fachgebiete waren Restaurierung, Archäo-Botanik, Wissenschafts-Publikationen, Amtshilfe bei externen Projekten und Ausstellungskonzeption. Mit Lebensbildern von Menschen aus vergangenen Zeiten machte sie sich bereits einen Namen,

Der Autor Ernst Probst

Ernst Probst, geboren am 20. Januar 1946 in Neunburg vorm Wald im bayerischen Regierungsbezirk Oberpfalz, ist Journalist und Wissenschaftsautor. Er arbeitete von 1968 bis 1971 als Redakteur bei den »Nürnberger Nachrichten«, von 1971 bis 1973 in der Zentralredaktion des »Ring Nordbayerischer Tageszeitungen« in Bayreuth und von 1973 bis 2001 bei der »Allgemeinen Zeitung«, Mainz. In seiner Freizeit schrieb er Artikel für die »Frankfurter Allgemeine Zeitung«, »Süddeutsche Zeitung«, »Die Welt«, »Frankfurter Rundschau«, »Neue Zürcher Zeitung«, »Tages-Anzeiger«, Zürich, »Salzburger Nachrichten«, »Die Zeit«, »Rheinischer Merkur«, »Deutsches Allgemeines Sonntagsblatt«, »bild der wissenschaft«, »kosmos«, »Deutsche Presse-Agentur« (dpa), »Associated Press« (AP) und den

»Deutschen Forschungsdienst« (df). Aus seiner Feder stammen die Bücher »Deutschland in der Urzeit« (1986), »Deutschland in der Steinzeit« (1991), »Rekorde der Urzeit« (1992), »Dinosaurier in Deutschland« (1993 zusammen mit Raymund Windolf) und »Deutschland in der Bronzezeit« (1996). Von 2001 bis 2006 betätigte sich Ernst Probst als Buchverleger sowie zeitweise als internationaler Fossilienhändler und Antiquitätenhändler. Insgesamt veröffentlichte er mehr als 100 Bücher, Taschenbücher, Broschüren und E-Books.

Bücher von Ernst Probst

Affenmenschen
Von Bigfoot bis zum Yeti

Annie Oakley
Die Meisterschützin des Wilden Westens

Archaeopteryx. Der Urvogel aus Bayern

Christl-Marie Schultes. Die erste Fliegerin in Bayern
(zusammen mit Theo Lederer)

Cortés und Malinche. Der spanische Eroberer
und seine indianische Geliebte

Das Dinotherium-Museum Eppelsheim
Führer durch die Ausstellung
(zusammen mit Dr. Jens Lorenz Franzen
und Heiner Roos)

Der Europäische Jaguar

Der Mosbacher Löwe
Die riesige Raubkatze aus Wiesbaden

Der Rhein-Elefant
Das Schreckenstier von Eppelsheim

Der Schwarze Peter
Ein Räuber im Hunsrück und Odenwald

Der Ur-Rhein
Rheinhessen vor zehn Millionen Jahren

Deutschland im Eiszeitalter

Die Dolchzahnkatze *Megantereon*

Die Bronzezeit

Die Aunjetitzer Kultur

Die Straubinger Kultur

Die Adlerberg-Kultur

Die nordische Bronzezeit

Die Hügelgräber-Kultur

Die Lüneburger Gruppe in der Bronzezeit

Die Stader Gruppe in der Bronzezeit

Die Urnenfelder-Kultur

Die Lausitzer Kultur

Königinnen der Lüfte in Europa

Königinnen der Lüfte in Amerika

Königinnen der Lüfte von A bis Z

Königinnen des Tanzes

Malende Superfrauen

Meine Worte sind wie die Sterne
Die Entstehung der Rede des Häuptlings Seattle
(zusammen mit Sonja Probst)

Monstern auf der Spur
Wie die Sagen über Drachen, Riesen
und Einhörner entstanden

Österreich in der Frühbronzezeit

Österreich in der Mittelbronzezeit

Österreich in der Spätbronzezeit

Pompadour und Dubarry. Die Mätressen
von Louis XV.

Raub-Dinosaurier von A bis Z.
Mit Zeichnungen von Dmitry Bogdanav
und Nobu Tamura

Rekorde der Urmenschen
Erfindungen, Kunst und Religion

Rekorde der Urzeit
Landschaften, Pflanzen und Tiere

Säbelzahnkatzen. Von *Machairodus*
bis zu *Smilodon*

Säbelzahntiger am Ur-Rhein. *Machairodus*
und *Paramachairodus*

Seeungeheuer
Von Nessie bis zum Zuiyo-maru-Monster

Superfrauen aus dem Wilden Westen

Superfrauen 1 – Geschichte

Superfrauen 2 – Religion

Superfrauen 3 – Politik

Superfrauen 4 – Wirtschaft und Verkehr

Superfrauen 5 – Wissenschaft

Superfrauen 6 – Medizin

Superfrauen 7 – Film und Theater

Superfrauen 8 – Literatur

Superfrauen 9 – Malerei und Fotografie

Superfrauen 10 – Musik und Tanz

Superfrauen 11 – Feminismus und Familie

Superfrauen 12 – Sport

Superfrauen 13 – Mode und Kosmetik

Superfrauen 14 – Medien und Astrologie

Tony und Bruno Werntgen. Zwei Leben
für die Luftfahrt (zusammen mit Paul Wirtz)

Zenobia von Palmyra. Eine Frau kämpft
gegen die Römer

Bestellungen bei: http://www.grin.com